DISCOURS
PRONONCÉS
DANS L'ACADÉMIE FRANÇOISE,

Le Jeudi 22 Janvier M. DCC. LXVII.

A LA RÉCEPTION
DE M. THOMAS.

A PARIS,

Chez REGNARD, Imprimeur de l'Académie Françoise, Grand'Salle du Palais, à la Providence, & rue basse des Ursins.

M. DCC. LXVII.

M. Thomas *ayant été élu par Messeurs de l'Académie Françoise, à la place de* M. Hardion, *y vint prendre séance le Jeudi 22 Janvier 1767, & prononça le Discours qui suit.*

Messieurs,

La plûpart de ceux que vos suffrages ont appelés parmi vous, vous ont apporté des titres pour ainsi dire étrangers. En adoptant ces Hommes célèbres, vous fixiez leur réputation, mais vous ne l'aviez point fait naître. Pour moi je m'honore de n'apporter ici que des titres que je vous dois. Je suis votre ouvrage, Messieurs. S'il m'étoit permis un jour d'aspirer à quelque gloire, c'est vous qui m'en avez ouvert la route. Mon œil reconnoît les lieux où vos suffrages ont encouragé

A ij

ma jeuneſſe. Mon cœur, avec plus de tranſport, reconnoît parmi vous, ceux qui m'ont dirigé par leurs conſeils & qui m'honorent de leur amitié. Vous récompenſez donc en moi vos propres bienfaits, MESSIEURS; & je reſſemble à ces Soldats Romains, qui, pour obtenir un nouveau grade dans les armées, offroient aux Généraux, pour gage de leur valeur, les javelots & les couronnes que ces Généraux même leur avoient plus d'une fois données ſur les champs de bataille.

Le premier devoir qu'impoſent les bienfaits, c'eſt de s'en rendre digne. Mon zèle ſera le garant de ma reconnoiſſance. Aſſocié à vos Aſſemblées, MESSIEURS, j'obſerverai de plus près votre génie. A votre exemple, je tacherai de rendre mes travaux utiles; car vous penſez que les talens ne ſont rien s'ils ne ſervent au bonheur de l'humanité. Permettez-moi de m'arrêter ſur cet objet. Je vais conſidérer un moment avec vous l'Homme de Lettres comme citoyen. Dans un ſujet ſi étendu, je ne choiſirai que quelques idées; je parle devant vous, MESSIEURS; & le ſouvenir de tout ce que vous avez fait, ſuppléera à tout ce que je ne pourrai dire.

Au moment où l'homme eſt éclairé par la raiſon, quand ſes lumières commencent à ſe joindre à ſes forces, & que l'ouvrage de la Nature eſt achevé, la Patrie s'en empare; elle demande à chaque Citoyen, que feras-tu pour moi? Le Guerrier dit, je te donnerai mon ſang; le Magiſtrat, je défendrai tes Loix; le Miniſtre de la Religion, je veillerai fur tes Autels ; un Peuple nombreux, du milieu des ateliers & des campagnes, crie, je me dévoue à tes befoins, je te donne mes bras ; l'Homme de Lettres dit, je confacre ma vie à la vérité, j'oferai te la dire. La vérité eft un befoin de l'homme ; elle eft fur-tout un befoin des États. Tout abus naît d'une erreur. Tout crime, ou particulier ou public, n'eft qu'un faux calcul de l'efprit. Il y a un degré de connoiffances où le bien feroit inévitable. Pour hâter ce moment, il faut hâter les lumières. Ceux qui gouvernent les hommes, ne peuvent en même temps les éclairer. Occupés à agir, un grand mouvement les entraîne, & leur ame n'a pas le temps de s'arrêter fur elle-même. On a donc établi, on a protégé par-tout une claffe d'hommes dont l'état eft de jouir en paix de leur penfée, & le devoir de la rendre active pour le bien public, des hommes qui, féparés de la foule, ramaffent les lumières des pays & des fiècles, & dont les idées doivent, fur tous les grands objets, repréfenter pour ainfi dire à la Patrie les idées de l'efpèce humaine entière. Voilà, MESSIEURS, la fonction de l'Homme de Lettres Citoyen. L'utilité en fait la grandeur. Elle demande un génie profond, une ame élevée, un courage intrépide. Elle fuppofe un fentiment plus tendre & la vertu la plus digne de l'homme, le défir du bonheur des hommes. J'aime à me peindre ce Citoyen généreux méditant dans fon cabinet folitaire. La Patrie eft à fes côtés. La juftice & l'humanité font devant lui. Les fantômes des malheureux l'environnent; la pitié l'agite, & des larmes coulent de ses yeux. Alors il apperçoit de loin le Puissant & le Riche. Dans son obscurité, il leur envie le privilége qu'ils ont de pouvoir diminuer les maux de la terre. Et moi, dit-il, je n'ai rien pour les soulager; je n'ai que ma pensée; ah! du moins rendons-la utile aux malheureux. Aussitôt ses idées se précipitent en foule; & son ame se répand au dehors.

Il peint les infortunés qui gémissent. Il attaque les erreurs, source de tous les maux. Il entreprend de diriger les opinions. Il s'élève contre les préjugés, non pas contre ces préjugés utiles qui ont fait quelquefois la grandeur des Peuples, & qui sont un ressort pour la vertu, mais contre ces préjugés honteux qui, sans élever l'ame, rétrécissent la raison, & asservissent l'esprit humain pendant des siècles à des erreurs héréditaires. Il remue ces ames indolentes & froides, qui, gouvernées par l'habitude, n'ont jamais fait un pas qui n'ait été tracé, qui ne connoissent que des usages & jamais des principes, pour qui c'est une raison de plus de faire le mal, lorsqu'il se fait depuis des siècles. Il combat cette prévention contre les nouveautés utiles, cette superstition politique qui s'attache invinciblement à tout ce qui n'a que le mérite d'être ancien, & proscrit le bien même qui ne s'est pas encore fait. Citoyens, leur dit-il, tout se perfectionne par le temps: le temps soulève lentement le voile qui couvre les vérités. Il en laisse échapper une ou deux pour chaque fiècle. Voulez-vous repouffer les préfens qu'il fait à l'homme? Voulez-vous détruire le plan de la Nature? Les mœurs changent. Les befoins d'un fiècle ne font pas ceux d'un autre. Ofez donc admettre tout ce qui fera utile. Que parlez-vous de nouveauté? Tout ce qui eft bon eft de tous les âges : tout ce qui eft vrai eft éternel.

Tels font les fentimens & les vœux de l'Homme de Lettres Citoyen. Tous ceux qui comme lui font animés du même zèle, travailleront fur le même plan. Chaque partie des travaux littéraires correfpondra à une partie des travaux politiques. L'Homme d'État a befoin de l'expérience des fiècles : que parmi les gens de Lettres, il y en ait donc qui s'appliquent à l'Hiftoire, mais qu'ils vous imitent, MESSIEURS; qu'ils ne fe traînent pas fur des événemens ftériles; qu'ils offrent le tableau raifonné des Gouvernemens & des Nations. Qu'ils fixent ces grandes époques qui font comme des hauteurs d'où l'on découvre une vafte étendue de faits enchaînés l'un à l'autre. Qu'ils nous expliquent comment une feule idée d'un Homme de génie a quelquefois changé un fiècle. La légiflation occupe l'Homme d'État. Quel fera l'Homme de Lettres digne de le précéder ou de le fuivre? S'il en eft un, qu'il fe livre à l'étude des Loix, qu'il y porte cet efprit étendu & libre, qui ne voit rien par les préjugés, & cherche tout dans la Nature, qui s'élève au-deffus de tout ce qui eft, pour voir tout ce qui doit être, qui dans chaque cause voit les effets, dans chaque partie l'ensemble, dans le bien même les abus. Qu'il cherche comment on peut rendre les Loix simples à la fois & profondes, leur donner du poids contre la mobilité du temps, leur imprimer sur-tout ce caractère d'unité qui fait tout partir d'un principe, dirige tout à un but, de toutes les Loix ne fait qu'une Loi. Tandis qu'il méditera sur la législation, que d'autres creusent les fondemens de la morale, de la politique, de la science du commerce, de celle des finances; qu'ils cherchent dans les sillons & les trésors des Princes, & la grandeur des Peuples. Ainsi les idées se multiplient, & de toutes les lumières dispersées il se forme une masse générale de lumières. Alors vient l'Homme d'État : il descend de la hauteur où il est placé, & promène ses regards sur ce vaste dépôt des connoissances publiques. C'est le génie qui éclaire, mais ce sont les ames fortes qui gouvernent. Le Philosophe, par sa vie obscure, doit mieux juger les choses que les hommes. L'Homme d'État exercé par les événemens, accoutumé à voir les projets se choquer contre les passions, à sentir les résistances, à trouver des grains de sable qui arrêtent les mouvemens d'une roue, occupé tantôt de résultats qu'on ne peut bien voir que d'où il est, tantôt de détails que l'homme qui médite ne devine point, l'Homme d'État seul choisira dans la foule immense des idées tout ce qui peut s'appliquer aux besoins du Gouvernement & de la Patrie.

La

La gloire de l'Homme qui écrit, Messieurs, est donc de préparer des matériaux utiles à l'Homme qui gouverne. Il fait plus ; en rendant les Peuples éclairés, il rend l'autorité plus sûre. Tous les temps d'ignorance ont été des temps de férocité. L'empire de celui qui commande, n'est alors que l'empire de la force. Alors il se fait un choc continuel d'un seul contre tous. C'est alors que le sang coule, que les Trônes se renversent, que des pouvoirs rivaux s'élèvent. C'est alors le temps des grandes impostures qui trompent les Nations & les Siècles, des maximes qui arment les Peuples contre les Rois, & les Rois contre les Peuples. Alors on ne connoît ni les fondemens des Loix, ni les rapports de la Nation avec le Souverain, ni le bien, ni le mal, ni le remède, ni l'abus. Le Peuple insensé & barbare est à chaque instant prêt à égorger l'Homme d'État qui veut lui être utile, & qui ose lui présenter un bien qu'il ne conçoit pas. O vous qui calomniez les lumières, voilà le tableau de l'ignorance. Mais chez un Peuple éclairé, la force du pouvoir n'est pas dans le pouvoir même ; elle est dans l'ame de celui à qui l'on commande. Plus on connoît la source de l'autorité & plus on la respecte. On adore dans la Loi, la volonté générale. On se soumet à des conventions d'où doit naître le bonheur. L'Homme altier sait qu'en obéissant il sacrifie une portion de sa liberté pour conserver l'autre ; l'Homme avare, que l'impôt qu'il paye est le garant de sa propriété ; l'Homme robuste & méchant, qu'il ne seroit plus

B

que foible & malheureux, s'il ne mettoit ſes forces en dépôt dans la maſſe publique. Les lumières apprennent qu'il n'y a dans l'État qu'une Loi, qu'une force, qu'un pouvoir; elles adouciſſent les mœurs & ôtent aux ames cette activité inquiéte & féroce, qui oſe tout parce qu'elle ne prévoit rien.

Auſſi, Messieurs, les grands Hommes d'État ont ils toujours protégé la Philoſophie & les Lettres. Ils ont regardé comme le bienfaiteur de la Patrie, le Citoyen qui contribuoit à étendre ſes connoiſſances. Mais je ne puis le diſſimuler, Messieurs, cet état ſi noble à ſes dangers. La vérité reſſemble à cet élement utile & terrible qu'il faut manier avec prudence, qui éclaire, mais qui embraſe, & qui peut dévorer celui même qui ne s'en ſert que pour le bien public. Le jeune Homme vertueux & ſimple, & dont le cœur honnête conſerve encore toutes les illuſions du premier âge, croit imprudemment qu'il eſt toujours permis d'être utile, & ſe livre ſans défiance au doux ſentiment qui l'entraîne. Souvent même la vérité lui inſpire une ardeur généreuſe. Alors l'enthouſiaſme s'empare de ſon ame; ſes idées s'élèvent; ſes expreſſions s'animent; il croit pouvoir mener la vérité en triomphe, & briſer les barrieres qui ſe trouvent ſur ſon paſſage. Vaine erreur d'un cœur ſéduit! Tout s'arme; les paſſions s'irritent, l'orgueil menace, l'intérêt combat, l'envie s'éveille, la calomnie accourt; alors la vérité s'enfuit, & ne laiſſe dans le cœur flétri de celui qui l'annonçoit, que le ſentiment triſte & profond de fon imprudence & du malheur des hommes. Pour l'intérêt de la vérité même, il faut l'annoncer fans fanatifme, comme fans foibleffe. Que fon langage foit donc fimple & touchant comme elle. Qu'elle ne cherche point à étonner ; qu'elle ne parle point aux hommes avec empire ; qu'elle n'infulte pas même avec dédain aux erreurs qu'elle combat. Elle a déja affez de tort d'être la vérité ; qu'à force de douceur elle mérite qu'on lui pardonne. Qu'elle fe défende fur-tout de cette impatience du bien, qui en eft la plus dangereufe ennemie. Regardons la Nature. Rien ne s'y fait par fecouffes, ni par des fermentations précipitées. Tout fe prépare en filence. Tout fe mûrit par des progrès infenfibles & lents. Ainfi la vérité agit. Jettée au milieu d'un Peuple, elle y travaille d'abord en fecret. Elle mine fourdement les opinions. Elle fe gliffe à travers les préjugés. Elle s'infinue comme les eaux qui fe filtrent fans être apperçues, & dépofent lentement à travers le limon, les germes de fécondité qu'elles portent. Un jour viendra que toutes ces eaux éparfes & fouterraines pourront enfin fe raffembler, & rouleront avec bruit fur la terre. Que dis-je ! un jour viendra peut-être où de tous les points de l'Univers les Hommes réuniront leurs travaux, & où toute la force de l'entendement humain développé fera partout appliquée au grand art des Sociétés. Quel fpectacle préfenteroit alors le globe de la terre ! L'Amérique, l'Afrique & l'Afie éclairées comme l'Europe, toutes les Villes floriffantes, toutes les Campagnes fécondes, les deserts peuplés, les Goüvernemens sages, les Peuples libres, les Chefs heureux du bonheur de tous, le concert & l'harmonie admirable de tout le genre humain, & la terre digne enfin des regards de Dieu. O douce & sublime espérance ! O la plus touchante des illusions ! Quoi, cette idée si consolante ne seroit-elle donc qu'un vain songe? Quoi seroit-il donc vrai que par une loi éternelle l'ignorance dût toujours couvrir une partie de la terre, semblable à la mer qui fait lentement le tour du globe, & qui à mesure qu'elle se retire & découvre à l'œil de nouveaux pays, inonde & engloutit successivement les anciens? Si tel est le malheur de l'humanité, si l'Ecrivain dans ses travaux ne peut se proposer un but si vaste, il en est un du moins qu'il ne perdra jamais de vue, c'est le bonheur de sa Nation, c'est la gloire d'étendre les lumières dans son Pays, en perfectionnant les mœurs.

Différentes causes, MESSIEURS, agissent continuellement sur les mœurs des Peuples; le Gouvernement qui donne une impulsion générale; les Loix qui en servant de frein, dirigent les habitudes; l'exemple des Chefs, espèce de législation fondée sur la foiblesse & l'intérêt; le commerce qui mêle les Nations & les vices; le climat, force toujours active & toujours cachée; enfin le plus puissant des ressorts, la Religion qui pénètre où les Loix ne vont pas, juge la pensée, éternise dans l'idée de Dieu le bien comme le mal. Mais chez une Nation où le goût des Lettres est répandu, l'esprit général de ceux qui l'éclairent ; peut & doit auſſi influer ſur la partie morale.

Il eſt ſur-tout, il eſt un pouvoir qui diſtingue l'Homme de génie & le grand Écrivain, c'eſt celui d'attacher ſon ame à ſes Écrits, de peindre ſa penſée avec ces expreſſions brûlantes qui font le langage de la perſuaſion & le cri de la vérité : alors le ſentiment qu'il a ſe communique, il pénètre, il embraſe ; Le cœur palpite, les traits changent, les larmes coulent, l'ame portée hors d'elle-même ne ſent, ne vit, n'exiſte plus que dans l'ame de l'Écrivain qui l'anime & qui lui dicte avec empire tous ſes mouvemens. Quel uſage, MESSIEURS, fera-t'il d'un pouvoir ſi noble & preſque divin ? La vertu le réclame. Elle parle à ſon cœur. Elle lui dit : ton génie m'appartient. C'eſt pour moi que la Nature te fit ce préſent immortel. Étends mon empire ſur la terre. Que l'homme coupable ne puiſſe te lire ſans être tourmenté ; que tes Ouvrages le fatiguent ; qu'ils aillent dans ſon cœur remuer le remords ; mais que l'homme vertueux, en te liſant, éprouve un charme ſecret qui le conſole. Que Caton prêt à mourir, que Socrate buvant la cigue te liſent, & pardonnent à l'injuſtice des hommes.

Docile à cette voix, MESSIEURS, ſon cœur enflamé tracera tous les devoirs que la nature & la morale nous impoſent. Heureux qui pour les peindre, n'a qu'à deſcendre dans ſon cœur ! Heureux l'Écrivain qui dans la douceur de la vie domeſtique peut épurer ſon ame, dont la maiſon eſt le sanctuaire de la Nature, qui tous les jours peut aimer ce qu'il honore, qui tous les jours peut serrer dans ses bras une mère qui répond à ses caresses, & dont la vieillesse adorée n'offre aux yeux du fils qui la contemple, que l'image des vertus & le souvenir attendrissant des bienfaits ! C'est parmi des devoirs si tendres que son ame se forme aux devoirs sublimes de Citoyen. C'est-là qu'il apprend à écrire pour son Pays. Malheur aux Ecrivains mercénaires qui trahiroient la cause de la Patrie & de l'humanité ! Malheur sur-tout à ceux qui aviliroient les ames ! Ils seroient les lâches complices de la corruption de leur Siècle. L'amour des Loix, la sainteté de la Justice, le zèle éclairé dans les Magistrats, les dévouemens généreux dans la Noblesse, voilà les objets dignes d'être présentés à la Nation. Ainsi Démosthène troublant le sommeil de ses Concitoyens, les rappeloit sans cesse à leur ancienne grandeur. Il est vrai que le poison fut sa récompense ; mais il n'eût point mérité la gloire d'avoir retardé la chute de sa Patrie, si en mourant il n'eût remercié les Dieux.

Parmi nous, MESSIEURS, & par la constitution de l'État, l'Homme de Lettres n'est point appelé à discuter de grands intérêts en présence des Peuples. Il ne parle point aux Citoyens assemblés. Il ne peut confier son ame qu'à des Écrits, interprètes muets de ses sentimens. Il faut donc qu'un but moral anime tous ses Ouvrages. Il faut que ceux même qui paroissent n'avoir d'autre objet que l'agrément, parlent encore à la raison, & que le plaisir même paye un tribut à l'utilité publique. C'eſt par-là, MESSIEURS, que le théâtre bien dirigé pourroit avoir la plus grande influence ſur le caractère moral des Nations. C'eſt-là que le ſentiment ſe communique par des ſecouſſes promptes & rapides, & que les impreſſions profondes qu'on reçoit ſe fortifient encore par le nombre de ceux qui les partagent, ſemblables aux flots de la mer, qui précipités par l'orage, pèſent les uns ſur les autres.

L'Hiſtoire, par des moyens différens, produira encore les mêmes effets. L'Hiſtoire eſt un appel que la vertu fait à la poſtérité. L'Hiſtorien prononce les jugemens de l'univers, non plus de l'univers foible & corrompu, de l'univers eſclave, mais de l'univers libre & juſte pour qui tout diſparoît hors la vérité. Qu'après avoir flétri les vices, ſon cœur vienne ſe repoſer ſur la touchante image des vertus. Ainſi Tacite peignoit Burrhus à côté de Néron : ainſi fatigué de malheurs & de crimes, las de peindre ou des tyrans ou des eſclaves, il réſervoit pour le charme & la conſolation de ſa vieilleſſe l'heureux tableau des vertus de Trajan. Ainſi parmi vous, MESSIEURS, ceux qui tranſmettront à la poſtérité les évènemens de ce Règne, aimeront à s'arrêter ſur l'ame de votre auguſte Protecteur. Dans un Roi ils peindront un homme; ils peindront la ſenſibilité dans la grandeur, l'humanité dans la toute puiſſance, l'amitié même ſur le Trône. Ils peindront cette bonté qui repouſſe la crainte, & ne laiſſe approcher que l'amour, ces détails de bienfaiſance pour tous ceux qui l'entourent, besoins toujours nouveaux d'un cœur toujours sensible. Ils feront voir cette humanité appliquée aux Peuples dans ces crises violentes où les Etats se heurtent & se choquent ; le Chef d'une Nation guerrière, ami de la paix ; un Roi ennemi de cette fausse gloire qui séduit tous les Rois ; dans les guerres nécessaires, le calcul du sang des hommes mis à côté des espérances & des projets ; dans un jour de triomphe, les larmes d'un vainqueur sur le champ de bataille ; dans la paix l'agriculture encouragée, le Laboureur levant sa tête affoiblie, osant enfin regarder la richesse ; & l'or englouti trop long-temps par les artisans du luxe, refluant par le commerce des grains vers la cabane & les sillons du Pauvre.

Ces détails de la bonté des Rois intéresseront toujours l'Homme de Lettres Citoyen, qui aura le bonheur de les peindre. Quel état, MESSIEURS, que celui où par devoir on doit être toujours l'interprête de la morale & de la vertu ! Mais pour être digne de la peindre, il faut la sentir. Le véritable Homme de Lettres est donc vertueux. Son ame est pure, sa probité austère. Tout ce qui agite les autres hommes, n'a point d'empire sur lui. Il ne court point après les récompenses ; la sienne est dans son cœur. Si les richesses s'offrent à lui, il s'honore par leur usage ; si elles s'éloignent, il s'honore par sa pauvreté. Souvent même il dédaigne la fortune qui le cherche. Un Roi * appelle Socrate à sa Cour ; & Socrate reste pauvre dans Athènes. Dans le monde, simple & sans faste, il parlera aux hommes

* Archelaüs, Roi de Macédoine.

hommes fans les flatter comme fans les craindre. Il ne féparera point le refpect qu'il doit aux titres, du refpect que tout homme fe doit. Il fait que la dignité des rangs eft à un petit nombre de Citoyens, mais que la dignité de l'ame eft à tout le monde, que la première dégrade l'homme qui n'a qu'elle, que la feconde élève l'homme à qui tout le refte manque. Si la fortune lui donne un bienfaiteur, il remerciera le Ciel d'avoir un devoir de plus à remplir. A fes ennemis il oppofera le courage & la douceur, à l'envie le développement de fes talens, à la fatire le filence, aux calomniateurs fa vertu. La vertu dans un cœur noble fe nourrit par la liberté. Il fera donc libre ; & fa liberté fera de n'obéir qu'à l'honneur, de ne craindre que les Loix.

Ces fentimens font les vôtres, MESSIEURS; c'étoient ceux de l'Académicien eftimable à qui j'ai l'honneur de fuccéder. A la Cour où l'Homme de Lettres eft quelquefois fi déplacé, il fut toujours ce qu'il dût être. Renfermé dans fes travaux, il vécut fans intrigue. Il fe tint à une égale diftance & de la fierté qui peut nuire, & de la baffeffe qui avilit. Il crut comme vous que les connoiffances ne devoient fervir qu'à orner la probité, que la gloire des mœurs eft encore préférable à celle des talens, que le génie peut-être a droit d'étonner les hommes, mais que la vertu feule a droit à leurs hommages. Nourri de la lecture des Anciens, il y avoit puifé ce goût moral auffi néceffaire à l'Écrivain qu'à l'homme, & cette fimplicité antique fi louée de nos pères, dont nous parlons encore, mais que nous ne sentons plus, & que notre luxe peut-être n'a pas moins éloignée de nos écrits que de nos mœurs. Ce fut cette sagesse de caractère qui lui mérita l'honneur d'instruire des personnes Royales, en achevant de cultiver leur esprit par le goût & leur raison par l'Histoire. Par cet honorable emploi, Messieurs, l'Homme de Lettres s'acquitta envers la Patrie des devoirs de Citoyen ; car si les lumières sont utiles aux États, c'est servir la Patrie que de répandre le goût des connoissances autour des Trônes. Peut-être même l'exemple des augustes Princesses auxquelles il eut le bonheur de rendre ses travaux utiles, a contribué parmi nous à dissiper en partie ce préjugé barbare qui défendoit à la plus belle moitié du genre humain de s'éclairer. Peut-être c'est à elles que nous devons en partie l'usage qui commence à s'établir de rapprocher par l'éducation, des ames qui se ressemblent par leur nature ; usage que le préjugé combat encore, mais que la raison autorise & qui multipliera parmi nous le nombre de ces femmes instruites sans vanité comme sans faste, qui font aimer la raison qu'elles embellissent, & joignent le doux empire des lumières à l'empire non moins touchant de la beauté & des mœurs. C'est dans ces vues si sages, Messieurs, c'est en même temps pour obéir à des Princesses dignes de s'instruire, que mon Prédécesseur a composé le plus grand nombre de ses ouvrages. C'est pour elles qu'il a tracé ce tableau de la Mythologie ancienne ; objet intéreſſant pour le Philoſophe même, parce que ſous le voile des allégories & des fictions, il y retrouve le berceau du monde, l'invention des arts, l'origine des opinions, l'eſquiſſe, pour ainſi dire, des premiers traits gravés dans les ames humaines, & dont pluſieurs ne ſont point encore effacés par les ſiècles. C'eſt dans les mêmes vues qu'il entreprit de tracer un tableau plus étendu & plus vaſte, celui d'une hiſtoire univerſelle qui devoit embraſſer toute la ſuite du genre humain, depuis la naiſſance du monde juſqu'à nous ; tableau immenſe où tout ce qui a exiſté dans tous les points de l'eſpace, ſe preſſe ſous un ſeul de nos regards, où nous tenons à la fois dans nos mains les deux extrémités de la chaîne du temps, où un ſeul homme voit d'un clin d'œil les États s'élever, ſe choquer & tomber, où l'on ne marche qu'au bruit de la chute des Empires. M. Hardion, Messieurs, dans tous ces ouvrages utiles, ſe défendit avec ſévérité tout ornement. Il vouloit que les mots ne fuſſent que l'expreſſion & jamais la parure de la penſée. Son ſtyle eut la modeſtie de ſa perſonne. Il ſut ſe défendre, & de cette eſpèce de force qui trop ſouvent touche à l'excès, & de cette rapidité qui en preſſant trop les objets les confond, & de cette fineſſe qui ſupprime trop d'idées intermédiaires pour en faire deviner d'autres, & de cette profondeur pénible qui affecte d'enfermer dans une penſée le germe de vingt penſées. Il s'élevoit ſur-tout contre ce luxe de l'eſprit qui n'aime à jouir de ſes richeſſes, qu'en les prodiguant. Dans ce ſiècle, il eut le courage de la ſimplicité. Il fut ſage, voilà ſon caractère; il voulut être utile, voilà ſa gloire.

C'eſt cette idée d'utilité, Messieurs, que ne perdront jamais de vue tous ceux qui auront l'honneur d'être admis parmi vous. C'eſt elle qui préſida à votre établiſſement. Votre inſtitution fut preſque une inſtitution politique. Richelieu, après avoir reſſerré l'Eſpagne, abaiſſé l'Autriche, ébranlé l'Angleterre, raffermi la France, vit qu'il ne manquoit plus à la grandeur de ſa Nation que les lumières; il vous fonda, Messieurs. Peut-être cette ame altière & grande, & qui avoit le beſoin de commander aux Hommes, ſentant que le fardeau de l'État échappoit à ſes mains affoiblies, fut elle flattée en ſecret de l'idée de diriger encore les eſprits, quand il ne ſeroit plus. Après lui c'eſt le Chef de la Magiſtrature qui vous adopte, & qui place les Lettres à côté des Loix, tout près du Sanctuaire de la Juſtice. Enfin je vous vois adoptés par le Chef ſuprême de l'Etat, par ce Roi dont toutes les vues furent élevées, qui à de grands événemens mêla toujours un grand caractère, qui par ſes ſuccès fit la gloire de ſon pays, qui par ſes revers fit la ſienne; plus grand ſans doute lorſqu'en mourant il avouoit ſes fautes, que lorſque ſes flatteurs & ſon ſiècle l'enivroient d'éloges qu'il eût tous mérités peut-être, s'il n'avoit eu le malheur de les entendre. Ces noms fameux nous rappellent nos devoirs. Un grand

Homme d'État pour Fondateur, nous avertit que les Lettres doivent être utiles à l'État, le souvenir du Chancelier Seguier, que l'harmonie doit régner entre les Lettres & les Loix, le nom des Rois pour Protecteurs, que distingués comme Citoyens, nous devons l'exemple du zèle à la Patrie.

Si je jette les yeux sur vos fastes, MESSIEURS, je retrouve dans tous les temps parmi vous, cet esprit de vos Fondateurs. Je vois que tous vos grands Hommes ont été utiles. A leur tête je vois ce Corneille qui ouvrit au génie une école de politique, & à l'ame une école de grandeur; Bossuet qui instruisoit les Rois & qui en étoit digne; Fénelon qui le premier à la Cour osa parler des Peuples. Plus près de vous, MESSIEURS, je vois cet Homme célèbre, qui fut votre Confrère & votre ami, le Législateur des Nations, & dont le livre bien médité peut-être pourroit retarder la chute des États. Au milieu de vous & dans cette Assemblée, je retrouve le même usage des mêmes talens; l'Histoire qui parle encore aux Peuples & aux Rois; la Philosophie tranquille & sage qui fait le dénombrement des vérités & qui en crée de nouvelles; les orages des grandes passions mis sur le théâtre à côté de nos ridicules; nos mœurs peintes; nos devoirs ou discutés avec profondeur ou déguisés sous des fictions riantes; les arts embellis par le charme des vers; les principes du goût analysés; le tableau immense de la nature tracé; l'art de communiquer la pensée par la parole perfectionné;

l'éloquence aux pieds des Autels & dans les Tribunaux ; les Lettres confacrées à la politique, à la guerre, aux intérêts d'État, à l'éducation des Princes ; & fur votre lifte, Messieurs, un Homme qui du fond de fa retraite fera toujours par fon grand nom préfent parmi vous, qui le premier a mis fur notre théâtre la morale fenfible, comme Corneille y avoit mis la morale raifonnée, qui n'a employé l'art des Homères que pour combattre la tyrannie & la révolte, & dont prefque tous les ouvrages ne font que le cri d'une ame fenfible & forte qui réclame partout pour le bonheur des hommes, la fureté des Rois & la tranquillité des États.

Attirés par votre gloire, Messieurs, les titres viennent fe placer parmi vous à côté des Lettres. Je vois les premiers Hommes de l'État & de l'Eglife fatisfaits ici de l'honneur d'être vos égaux. Je vois dans ce moment à votre tête l'héritier d'un grand nom, & dont l'éloge eft dans le cœur de tous ceux qui m'environnent.

Pour moi, Messieurs, dernier Citoyen de cette illuftre République, je n'apporte ici aucun de ces grands talens qui vous honorent. Je n'ai à me vanter à vos yeux d'aucun ouvrage qui ait influé fur mon pays & fur mon fiècle. Je ne fongerai même jamais à vous difputer cette gloire ; elle eft trop au-deffus de ma foibleffe. Mais il en eft une que j'oferai partager avec vous ; c'eft celle de la vertu & des mœurs ; c'eft de ne rien faire, c'eft de ne rien écrire dans le cours de ma vie, qui ne puiffe m'honorer à vos yeux & à ceux de mes compatriotes. Voilà mon premier ferment, Messieurs, en entrant dans cette illuftre Compagnie. Si j'y manque un inftant, puiffe ce Difcours que je viens de prononcer devant vous, & qui eft l'interprète le plus fidèle des fentimens de mon ame, s'élever contre moi & m'accufer aux yeux de mon fiècle & de la poftérité.

Réponse de M. le Prince Louis de Rohan, *Coadjuteur de Strasbourg, au Discours de M.* Thomas.

Monsieur,

M. le Comte de Clermont devoit, en sa qualité de Directeur, présider à l'Assemblée d'aujourd'hui, mais le dérangement de sa santé l'empêche de s'y rendre. Je me trouve donc chargé de tenir sa place, & sur-tout d'être l'interprète de ses regrets & de ses sentimens inaltérables pour l'Académie. Ceux dont je suis moi-même pénétré pour elle, me rendent cette fonction chère, & ce sentiment me facilite le moyen de m'en acquitter.

Le Public qui vient de vous entendre, Monsieur, applaudit, & comme votre juge, & comme le nôtre, aux suffrages qui vous ont appelé parmi nous. Vous venez vous-même d'exposer vos titres avec autant d'énergie que de vérité. Quand on remplit avec distinction les devoirs de son état, on en parle toujours dignement. Une ame sensible se pénètre des objets vers lesquels son goût l'entraîne, & les fait aimer par la chaleur avec laquelle elle sait les présenter. Apelle intéressoit en parlant de son Art,

&

& Ciceron, en faifant le portrait de l'Orateur, pouvoit-il n'être pas éloquent?

En peignant l'Homme de Lettres Citoyen, vous n'avez eu, Monsieur, qu'à exprimer les fentimens gravés dans votre cœur. Vous vous êtes fur-tout attaché à faire envifager les Lettres fous leur rapport avec le bien public. Il eft beau fans doute d'étendre les lumières de fon fiècle, & d'en perfectionner les mœurs; mais ce rôle intéreffant & fublime n'eft confié qu'à ces hommes rares pour qui l'Être Suprême a réfervé les dons du génie. Les Lettres ont un mérite moins éclatant, mais plus univerfel, celui de faire le bonheur de ceux qui les cultivent.

Le goût des Lettres, dit l'Orateur Romain, eft propre à tous les temps & à tous les âges. La jeuneffe y trouve l'aliment de fon activité, la vieilleffe l'oubli des biens qu'elle a perdus, & le foulagement des maux qui l'affliègent. Le favori d'Augufte s'arrachoit fouvent au tumulte des affaires & aux troubles de la Cour pour venir refpirer auprès de Virgile & d'Horace. L'Homme d'État envicit dans ces momens le fort de l'Homme de Lettres, & le Courtifan avoit quelquefois befoin d'être confolé par le Philofophe.

Le Sage ne connoît ni le vide, ni le cruel ennui de foi-mème; il fait le prix du temps, & l'emploie à cultiver en paix, les Lettres & fa raifon. Il ne s'expofe ni à l'orgueil du crédit qui veut protéger, ni à l'orgueil du crédit qui s'irrite de ce qu'on

D

le dédaigne. La vérité fait son étude & sa force. Il s'est formé avec la chaîne de ses pensées un caractère de grandeur & d'immobilité que rien n'ébranle & que rien n'altère. Toujours calme au sein même des orages qui le menacent, il plaint les perturbateurs sans les craindre ni les braver : & tandis que tout s'agite ou se bouverse autour de lui, son ame tranquille se livre aux douceurs de l'étude & jouit des consolations de la vertu.

Vous avez des droits, Monsieur, & à la gloire que donnent les Lettres, & au bonheur qu'elles assurent. L'Académie, en vous accordant ses suffrages a voulu récompenser des talens utiles, & couronner des vertus connues. Des Prix remportés avec éclat, des applaudissemens mérités, l'heureux talent de la Poësie réuni à celui de l'éloquence, l'estime publique, celle des gens de Lettres, tout sollicitoit pour vous la place honorable que vous occupez aujourd'hui. Une louable émulation excitée par l'Académie, a fait connoître vos talens, dans ces monumens durables que vous avez élevés à la mémoire de tant de grands Hommes. Vous avez fait plus : par l'enthousiasme avec lequel vous en avez parlé, vous avez fait connoître votre cœur. Une ame médiocre ne conçoit pas aisément les vertus sublimes ; & si elle veut les peindre, elle les affoiblit.

Enfin, Monsieur, je dirois volontiers que nous avons cru entendre la voix de ces grands Hommes que vous avez loués, s'élever en votre faveur, & nous dire : » Il nous a peint comme s'il eût vécu

» auprès de nous & avec nous. Il a parlé de nos tra-
» vaux comme s'il les eût partagés lui-même. Il nous
» a jugés comme nous demandons que la postérité
» nous juge. Notre gloire est devenue la sienne,
» puisqu'il a su la célébrer.

Il vous falloit tous ces titres, Monsieur, pour
nous consoler de la perte que nous venons de faire.
L'Académicien estimable que nous regrettons, cul-
tiva les Lettres avec succès; il en recueillit la gloire,
& fut heureux par elles. Il les fit aimer à la Cour,
& y inspira le goût de l'étude à d'illustres Princesses
qui savent unir à l'éclat du rang & des vertus le mérite de la culture de l'esprit. M. Hardion porta dans
sa conduite la simplicité noble qui fait le caractère
de ses Ecrits. Cette simplicité si louable est peut-être
la seule ressource des grands Écrivains depuis que les
rafinemens de l'Art semblent épuisés. Rien de plus
rare, mais aussi rien de plus beau que l'accord du
naturel & du sublime, de la noblesse & de l'aménité.

Vous nous montrerez, Monsieur, cet heureux
accord. Une imagination hardie & féconde a carac-
térisé les premiers essais de votre plume énergique
& brillante. Ces premiers Ouvrages annonçoient en
vous le germe de ce talent si précieux que la nature
donne, il est vrai, mais qui se perfectionne par la
réflexion & par l'étude; je parle de ce goût sage &
épuré qui empêche le génie de s'égarer dans son
essor, & qui le contient dans les bornes du naturel
& du vrai. L'Académie a vu avec satisfaction ce goût
s'accroître en vous par degrés. Et, dans ce Poeme si

défiré où marchant fur les traces de Virgile & d'Homère, vous avez de grandes paffions à mettre aux prifes avec de grands obftacles, les refforts d'une politique fublime à développer & à faire mouvoir, les mœurs d'une Nation nouvelle à peindre, toutes les fineffes de l'art à cacher fous les traits du génie créateur; le Public attend que tout y fera fubordonné aux règles du goût, & que la févère critique y applaudira comme au chef-d'œuvre de vos talens perfectionnés. Ainfi lorfqu'une plante vigoureufe a jetté avec furabondance fes premières productions, la fève fe calme, & l'arbre confervant toujours la même vigueur, ne fe couvre de fleurs que pour donner autant de fruits.

www.ingramcontent.com/pod-product-compliance
Lightning Source LLC
Chambersburg PA
CBHW060624050426
42451CB00012B/2419